Kinder
sehen mit dem Herzen

für ....

von ....

*Liebe Leserin,
lieber Leser,*

„selbstverständlich" ist ein Wort, das wir in unserem Alltag ganz selbstverständlich benutzen. Vieles in unserem täglichen Leben in Deutschland gehört einfach dazu. Ein Dach über dem Kopf, ein eigenes Bett, genug zu essen, Schulbildung, eine Familie, aber auch Fernseher, Handy, Spielzeug und Computer sind für die meisten Kinder in Deutschland einfach normal und gehören dazu.

Aber es gibt in Deutschland und überall in der Welt Millionen Kinder, für die nichts selbstverständlich ist. Ihnen fehlt es an allem. Sie haben keine Eltern, kein Zuhause, kein eigenes Bett, und um das tägliche Brot müssen sie jeden Tag wieder kämpfen.

Für diese Kinder in Entwicklungsländern übernimmt CFI Internationale Kinderhilfe Deutschland Verantwortung. Wir nehmen sie auf in die von uns geförderten Kinderdörfer und geben ihnen alles Notwendige, um ein eigenständiges, würdevolles Leben führen zu können: Liebe, Geborgenheit, ein Zuhause und eine Perspektive für die Zukunft.

Darüber hinaus geben wir unseren Kindern mit diesem Buch aber auch eine Stimme. Unsere Hoffnung ist es, dass Sie sich von den Stimmen dieser Kinder berühren lassen, dass Sie sich auf die Gedanken und Erfahrungen dieser Kinder aus vielen Teilen der Welt, die zum Teil unvorstellbar schreckliche Dinge erlebt haben, einlassen und versuchen, diese zu verstehen. Ihre Träume, ihr Optimismus und Lebenswille können für uns ein Beispiel sein, dem Leben positiv zu begegnen und den Glauben nicht zu verlieren.

Ich wünsche Ihnen alles Gute und danke Ihnen für Ihr Interesse und Ihre Offenheit für die Welt unserer Waisenkinder.

Mit herzlichen Grüßen, Ihr

Achim Wolters
Geschäftsführer
CFI Internationale Kinderhilfe Deutschland

Das Herz sieht weiter als das Auge.
aus Afrika

Was bedeuten für Kinder Glück, Freundschaft oder Liebe? Wie sehen sie ihr Zuhause und ihre Familie? Und woran denken sie, wenn sie „Frieden" oder „Zukunft" hören?

In diesem Buch kommen Kinder weltweit zu Wort. In ihren Texten und Zeichnungen überraschen sie mit ihrer klaren, einfachen Sicht der Dinge, die uns oft spontan lächeln lässt, manchmal aber auch zum Nachdenken bringt. Denn Kinder sehen die Dinge mit unverstelltem, offenen Blick für das wirklich Wesentliche – einfach aus dem Herzen heraus. Sie leben ganz im Hier und Jetzt und fühlen das Leben vielmehr als sie es begreifen. In ihnen leben unsere Hoffnungen, Träume und Sehnsüchte auf ganz eigene Weise. Und so viele Gemeinsamkeiten, so viele Unterschiede es in den Gedanken der Kinder aus Deutschland und aus den CFI-Kinderdörfern gibt: Sie alle eint der Traum von einer besseren Welt, wie sie nur in Kinderherzen geschrieben steht. Kinder sind einfach das Wunderbarste, was es auf dieser Erde gibt!

Dorothée Bleker

Dorothée Bleker
Herausgeberin

Glück

Menschen zu finden, die mit uns fühlen und empfinden,
ist wohl das schönste Glück auf Erden.

Carl Spitteler

Glück ist für mich, wenn alle gesund sind. Ich bin glücklich, wenn ich meinen Knotenwurm fertig bekomme und wenn ich mit Clarissa kuscheln oder spielen kann.

Isabelle, 7 Jahre, Gottfried-von-Cappenberg-Schule Münster

Glück ist mit anderen teilen und einander helfen.

Noemi, 14 Jahre, CFI-Kinderdorf Dom. Republik

Glück drückt sich in den Gesichtern der Menschen aus.
Glück ist ein Gefühl von Frieden.

Eva, 10 Jahre, CFI-Kinderdorf Nicaragua

Glück ist: ein Lächeln bei einem Kind,
ein Sonnenstrahl an einem verregneten Morgen,
einem Freund zu helfen.

Fatima, 13 Jahre, CFI-Kinderdorf Nicaragua

ich bin Glücklich weil: ich mich ser woll füle auf diser Weld.

Jessica, 8 Jahre, Gottfried-von-Cappenberg-Schule Münster

Ich war glücklich, als mein Bruder Richard geboren wurde
und als ich zum ersten Mal die Orkas gesehen habe.

Isabelle, 6 Jahre, Gottfried-von-Cappenberg-Schule Münster

Einen Freund haben bedeutet glücklich sein.

Bianca, 13 Jahre, CFI-Kinderdorf Dom. Republik

Glück ist für mich, wenn ich etwas sehr gut kann. Glücklich bin ich, wenn wir 6 Stunden haben. Glücklich bin ich wenn ich beim Fußball 5 Tore geschossen habe.

Simon, 7 Jahre, Gottfried-von-Cappenberg-Schule Münster

ICH BIN GLÜCKLICH WENN ICH EIN EIS ESSE

Christoph, 7 Jahre, Montessori-Schule Unterneukirchen

Für mich ist Glück die Schule, weil ich viel lernen kann.

Johanna, 8 Jahre, Gottfried-von-Cappenberg-Schule Münster

Kleine Kinder wie wir sollten glücklich sein.

Dilhara, 7 Jahre, CFI-Kinderdorf Sri Lanka

Ich bin glücklich, wenn Oma Thea zu meinem Geburtstag kommt, weil sie oft zu meinem Geburtstag nicht gekomen ist. das war nicht so tol.

Clara, 8 Jahre, Gottfried-von-Cappenberg-Schule Münster

Wenn ich etwas Schönes gemalt habe, bin ich glücklich

von raphaela

Raphaela, 7 Jahre, Montessori-Schule Unterneukirchen

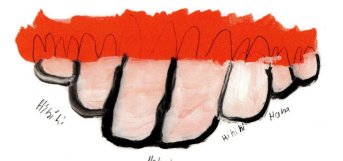

Wenn ich glücklich bin dan kitzeln meine Zähne

Miriam, 9 Jahre, Montessorischule Gilching

en el hogar hay mucha felicidad

(Zuhause gibt es viel Glück.)

Bianca, 13 Jahre, CFI-Kinderdorf Dom. Republik

Glück ist, wenn ich ein Tor geschossen habe. Wenn ich beim Tauchen einen Ring aus dem tiefen Wasser hole.

Alex, 7 Jahre, Gottfried-von-Cappenberg-Schule Münster

Ich bin glücklich wenn die Sonne scheint, wennich draußen bin geht es mir gut!

Lena Obermaier
7 Jahre

Montessori-Schule Unterneukirchen

Ich bin glücklich wennich etwas Schönes zu Weihnachten kriege.

Niklas, 9 Jahre, Montessori-Schule Unterneukirchen

Glück lässt das Gesicht strahlen.

Surachai, 13 Jahre, CFI-Kinderdorf Thailand

Glück bedeutet für mich, wenn ich fiele Freunde habe.

Alina, 8 Jahre, Gottfried-von-Cappenberg-Schule Münster

Ich binn glücklich wenn ich den Sonnenuntergang beobachten kann.

Tobias, 5. Klasse, Montessori-Schule Unterneukirchen

Having new dresses made me look nice and very happy, je just as my family does for me.

(Wenn ich neue Kleider habe, dann sehe ich hübsch aus und bin sehr glücklich, weil meine Familie das für mich tut.)

Priscilla, 12 Jahre, CFI-Kinderdorf Ghana

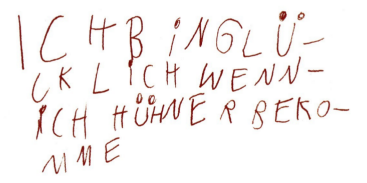

ICH BIN GLÜCKLICH WENN ICH HÜHNER BEKOMME

Marcel, 6 Jahre, Montessori-Schule Unterneukirchen

යම් කිසි පුද්ගලයෙක් මා ආදරය කරනවානම්මා එයට ප්‍රිය කරමි.

(Ich wäre sehr glücklich, wenn ich wüsste, dass mich jemand liebt.)

Dilshan, 15 Jahre, CFI-Kinderdorf Sri Lanka

Glück ist für mich wenn es allen gut geht und wenn meine Schwester aus dem Krankenhaus kommt.

Ben, 7 Jahre, Gottfried-von-Cappenberg-Schule Münster

Ich bin glücklich, wenn ich was sehe!

Lukas, 9 Jahre, Montessori-Schule Unterneukirchen

Glück ist für mich, wenn Mama und Papa und Franziska bei mir sind.

Annika, 7 Jahre, Gottfried-von-Cappenberg-Schule Münster

Ich bin Glücklich wenn ich ins Schwimmbad gehe

Deniz, 9 Jahre, Montessori-Schule Unterneukirchen

Ich bin glücklich wenn ich
bei meinen pflanzen sein kann.

Michi, 8 Jahre, Montessori-Schule Unterneukirchen

Ich bin glücklich,
weil Gott ganz nah bei mir ist,
weil es meine Eltern gibt
und weil sie über mich wachen.

Dragomir, 9 Jahre, CFI-Kinderdorf Rumänien

ich Binn glücklich, wen ich mal
beim Qäinbeinea Riff tauchen kann
das ist das größte korallen riff der Erde
tauchen kann. und eine
mahrer schild kröte sehe

Tom, 9 Jahre, Gottfried-von-Cappenberg-Schule Münster

ich war glücklich wo meine Mutter gesagt hat das wir in urlaub fliegen nach Maiorcka denn wo wir an geckomen sind da wars mitten in der Nacht und dann haben wir in Mutel geschlafen und am nechsten Morgen sid wir zum strand da war ich glücklich.

Leon, 9 Jahre, Gottfried-von-Cappenberg-Schule Münster

Wenn ich in einer Rutsche bin, gribbels es in meinem Bauch, deswegen bin ich glücklich
Jan 8. Jahre alt

Gottfried-von-Cappenberg-Schule Münster

Ich bin glücklich, weil ich Torwart bin und weil ich viele Freunde habe. Ich bin glücklich, weil ich gesund bin.

Paul, 8 Jahre, Gottfried-von-Cappenberg-Schule Münster

Freude ist es, jemanden, der es braucht, in den Arm zu nehmen, dem Leben entgegenzulachen, auch wenn wir gerade einen der traurigsten Momente haben.

Teresa, 15 Jahre, CFI-Kinderdorf Nicaragua

Ich bin glücklich, wenn ich Spas habe.

Antonia, 8 Jahre, Gottfried-von-Cappenberg-Schule Münster

Glück ist für mich, wenn ich im Zeugnis eine eins kriege. Und wenn ich ein vierblättriges Kleeblatt kriege. Und wenn Minu glücklich ist. Minu ist meine Katze.

Annalena, 7 Jahre, Gottfried-von-Cappenberg-Schule Münster

Glück ist nicht nur Vergnügen und Feiern und Musik, Glück ist die Liebe Jesu.

Jessica Cristina, 11 Jahre, CFI-Kinderdorf Dom. Republik

Ich habe Freude im Herzen.

Lorena, 12 Jahre, CFI-Kinderdorf Guatemala

Glück ist für mich, im Garten zu liegen und ein Buch zu lesen.

Florian, 5. Klasse, Montessori-Schule Unterneukirchen

Ich bin glücklich wenn ich mein Lieblingsessen kriege, oder wenn ich mich verabreden darf, oder wenn ich tanzen gehe, wenn wir in Urlaub fahren bin ich auch glücklich, denn es macht so viel Spaß. Wenn ich Geburtstag habe, bin ich auch sehr glücklich. Aber vor allem bin ich glücklich, wenn Weihnachten ist dann ist es nämlich immer so feierlich und gemütlich und man kriegt immer so viele Geschenke.

Sarah, 8 Jahre, Gottfried-von-Cappenberg-Schule Münster

නත්තල් දවස සතුටයි.

(An Weihnachten bin ich glücklich.)

Sugatu, 15 Jahre, CFI-Kinderdorf Sri Lanka

Für mich ist Glück: immer zufrieden zu sein, mit meinen Freunden immer zu spielen jeden Tag und fröhlich sein und sich nicht ärgern.

Daniel, 11 Jahre, CFI-Kinderdorf Mexiko

Michelle, 8 Jahre, Gottfried-von-Cappenberg-Schule Münster

Am glücklichsten sind die Menschen,
die anderen Glück schenken.
Wenn mir jemand hilft,
wenn ich gerade Sorgen habe,
fließt mein Herz vor Glück über.

Hima Bindu, 12 Jahre, CFI-Kinderdorf Indien

Ich bin glücklich, wenn alle Kinder auf der Welt glücklich sind!

Johannes, 8 Jahre, Montessori-Schule Unterneukirchen

Glück kommt niemals von außen. Es kommt von innen.
Glück ist etwas, was wir nicht finden können,
wenn wir traurig sind. Glück ist ein Geschenk Gottes.

Madhu Babo, 16 Jahre, CFI-Kinderdorf Indien

For me Happiness means beautiful because whenever you saw someone sad, you can make the person happy so that others could tell this kid has a smiling face.

(Für mich hat Glück eine wundervolle Bedeutung, weil du, wann immer du siehst, dass jemand traurig ist, denjenigen glücklich machen kannst, so dass andere sagen können: Dieses Kind hat ein Lächeln im Gesicht!)

Jennifer Naval, 10 Jahre, CFI-Kinderdorf Philippinen

Freundschaft

Freundschaft ist da, wo man stets
ein wenig Nachhausekommen findet.
Peter Horton

Wichtig ist, dass du viele Freunde hast.

Artur, 7 Jahre, Gottfried-von-Cappenberg-Schule Münster

Amistad es: Compartir
Con otros, Consejos, Sonrisas.
Es brindar apoyo a los demas
Sin importar quienes sean, y como
sean.

(Freundschaft ist: mit anderen teilen, Ratschläge und lachen.
Anderen helfen, unwichtig, wer oder was sie sind.)

Luisa, 13 Jahre, CFI-Kinderdorf Guatemala

Freunde sind das Beste, was man haben kann, und sie sind wie Geschwister.

Maritza, 12 Jahre, CFI-Kinderdorf Guatemala

Wichtig ist, dass wir 'ne Menge Spaß haben.

Nico, 6 Jahre, Gottfried-von-Cappenberg-Schule Münster

Friendship is having someone you can share your problems and happiness with.

(Freundschaft heißt jemanden zu haben, mit dem du deine Probleme und dein Glück teilen kannst.)

Abraham, 12 Jahre, CFI-Kinderdorf Ghana

♥ Es aquella que se mantiene aunque esten separados por mucho tiempo y más se fortalece

(Freundschaft ist etwas, das sich erhält, auch wenn man lange Zeit getrennt ist, und sich dadurch noch stärkt.)

Griselda, 17 Jahre, CFI-Kinderdorf Guatemala

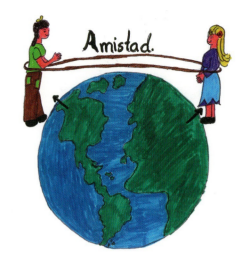

Freundschaft ist für mich, wenn man hielft, wenn jemand Probleme hat.♥

Isabella, 5. Klasse, Montessori-Schule Unterneukirchen

Ich kitzel Timo, das ist schön.

Jan, 7 Jahre, Gottfried-von-Cappenberg-Schule Münster

Freundschaft muss man entdecken. Freundschaft ist eine seltene Blume, denn man findet kaum echte Freunde.

Alexandra, 10 Jahre, CFI-Kinderdorf Rumänien

Amigos son dos Personas 8 comParten sus sentimientos o que se disen todos sus secretos. Se aPollan en todos sus Problemas que tienen.

(Freunde sind zwei Personen, die ihre Gefühle miteinander teilen und sich ihre Geheimnisse erzählen. Sie unterstützen sich in allen Problemen, die sie haben.)

Antonio, 14 Jahre, CFI-Kinderdorf Mexiko

(Freundschaft bringt Glück.)

Nissanka, 14 Jahre, CFI-Kinderdorf Sri Lanka

Freunde sind diejenigen,
die mich immer verstehen,
mit ihnen teile ich alles.

Gloria, 15 Jahre, CFI-Kinderdorf Guatemala

Para sa akin ang Pagkakaibigan ay makakatulong sa buhay ko na makakarating ka sa ibang lugar.

(Für mich bedeutet Freundschaft eine große Hilfe in meinem Leben, um an andere Orte zu gelangen.)

Eddilyn, 9 Jahre, CFI-Kinderdorf Philippinen

Einem Freund vertraut man Geheimnisse an und lässt seine Träume und Ziele bei ihm.

Neroliza, 13 Jahre, CFI-Kinderdorf Dom. Republik

Nico und ich spielen immer Fußball.

Florian, 6 Jahre, Gottfried-von-Cappenberg-Schule Münster

Amigos(as)
Son personas que estan con nosotros
en las buenas y en las malas.

(Freunde sind Menschen, die uns beistehen im Guten wie im Schlechten.)

Byron, 14 Jahre, CFI-Kinderdorf Guatemala

Ein Freund ist ein Mensch, der treu ist, der dir in schweren Augenblicken hilft, und immer bereit ist, für dich ein Opfer zu bringen.

Huridis, 16 Jahre, CFI-Kinderdorf Dom. Republik

(Meine Freundin ist toll!)

Nimantha, 9 Jahre, CFI-Kinderdorf Sri Lanka

Ich finde Freunde wichtig, weil wir uns gute Geschichten erzählen.

Luca, 6 Jahre, Gottfried-von-Cappenberg-Schule Münster

Es lo que brindamos a otra Persona. Cuando tú, tienes Confianza Con otra Persona.

(Freundschaft ist etwas, was wir einer anderen Person schenken. Wenn du Vertrauen zu einer anderen Person hast.)

Ana, 14 Jahre, CFI-Kinderdorf Guatemala

Meine Freunde sind für mich am wichtigsten, wenn ich mit ihnen spiele und wenn ich mich mit ihnen verstehe.

Robert, 11 Jahre, CFI-Kinderdorf Rumänien

Freunde sind Gefährten, die sich helfen dort, wo es nötig ist, und sie würden für den Freund oder die Freundin sogar ihr Leben geben.

Hector, 12 Jahre, CFI-Kinderdorf Mexiko

«Un amigo se extraña pero no se olvida porque real mente nonca sea ido»

(Ein Freund kann weggehen, aber er wird nicht vergessen, denn in Wahrheit ist er nie weggegangen.)

Carolina, 13 Jahre, CFI-Kinderdorf Dom. Republik

Liebe

Der wichtigste Baustoff
für das Haus der Liebe ist das Vertrauen.
Ernst Ferstl

ICH MAG MEINE FAMILIE SER. VOR ALLEM MEINEN HUND, WENN ER SEINE PFOTE UMKNICKT.

Nathan, 7 Jahre, Montessori-Schule Unterneukirchen

Für mich bedeutet Liebe, meine Freunde, meine Mutter und meinen Vater zu lieben.

John, 8 Jahre, CFI-Kinderdorf Philippinen

Liebe ist: wenn meine MAMA mit Essen macht.

Michelle, 4. Klasse, Gottfried-von-Cappenberg-Schule Münster

Liebe ist, was ich fühle,
wenn ich nach „Sweet Home" komme.

Gladstane, 15 Jahre, CFI-Kinderdorf „Sweet Home" Indien

Liebe ist, wenn Mama mir Obst macht

Julia, 4. Klasse, Gottfried-von-Cappenberg-Schule Münster

අප එකිනෙකාට ආදර කරමු. (Lasst uns einander lieben.)

Rasara, 11 Jahre, CFI-Kinderdorf Sri Lanka

Liebe ist: wenn Geschwister zusammen sind.

Clarissa, Gottfried-von-Cappenberg-Schule Münster

Liebe ist, wenn ich meine Kaninchen füttere.

Dorina, 4. Klasse, Gottfried-von-Cappenberg-Schule Münster

මිනිසාට ආදරය අවශ්‍යයි.

(Der Mensch braucht Liebe, um zu überleben.)

Dilrukshi, 10 Jahre, CFI-Kinderdorf Sri Lanka

Liebe ist, wenn ich mich um mein Haustier kümmere.

Julia, 4. Klasse, Gottfried-von-Cappenberg-Schule Münster

Liebe ist, wenn Mama für mich Nudeln kocht.

Jens, 4. Klasse, Gottfried-von-Cappenberg-Schule Münster

Liebe ist, wenn meine Mutter mir ein Geschenk gibt.

Jan, 4. Klasse, Gottfried-von-Cappenberg-Schule Münster

LIEBE ist, wenn man sich Geschenke macht.

Fabian, 4. Klasse, Gottfried-von-Cappenberg-Schule Münster

Liebe ist! wenn Mama mein Zimmer aufräumt.

Leon, 4. Klasse, Gottfried-von-Cappenberg-Schule Münster

ආදරය ශ්නො ගොදයි

(Liebe ist wunderbar.)

Parakvama, 12 Jahre, CFI-Kinderdorf Sri Lanka

Liebe ist: wenn ein Junge einem Mädchen Pralinen schenkt

Jona, 4. Klasse, Gottfried-von-Cappenberg-Schule Münster

Liebe ist, wenn ich Fernsehen gucken darf.

Robert, 4. Klasse, Gottfried-von-Cappenberg-Schule Münster

Liebe ist: wenn ich mein Meerschweinchen füttere

Frederike, 4. Klasse, Gottfried-von-Cappenberg-Schule Münster

¿Que es el Amor?

R: Es uno de las cosas más hermosas que nos dió Jesús a cada ser humano, es sentir algo especial por sus amigos y Familiares.

(Was ist Liebe? Es ist eines der wunderbaren Dinge, die Jesus den Menschen gegeben hat. Es ist etwas Besonderes, für seine Freunde und Familienangehörigen zu fühlen.)

Yorleny, 16 Jahre, CFI-Kinderdorf Nicaragua

Für mich bedeutet Liebe so viel im Leben eines Menschen. Wie bei uns Kindern, wir brauchen jemanden, der uns liebt.

Kimberly, 11 Jahre, CFI-Kinderdorf Philippinen

Liebe ist, wenn ich
mit meinem Bruder
Fußball spiele.

Julius, 4. Klasse,
Gottfried-von-Cappenberg-Schule Münster

Die Liebe zwischen Vater und
Mutter, Bruder und Schwester
ist sehr stark.

Prasad, 18 Jahre, CFI-Kinderdorf Indien

LIEBE IST, WENN ICH MEINE FISCHE FÜTTERE.

Luis, 4. Klasse, Gottfried-von-Cappenberg-Schule Münster

Eine glückliche Familie fängt mit Liebe an.

Kanlaya, 14 Jahre, CFI-Kinderdorf Thailand

Es algo bello y especial, algo único y buscado por muchos, algo que todos podemos mostrar aunque sea con algo mínimo

(Liebe ist etwas Seltenes und Besonderes, etwas Einzigartiges, das wir mit Kleinigkeiten zeigen können.)

Kelly Fabiola, 12 Jahre, CFI-Kinderdorf Nicaragua

Liebe bedeutet Eintracht.

Thushari, 15 Jahre, CFI-Kinderdorf Sri Lanka

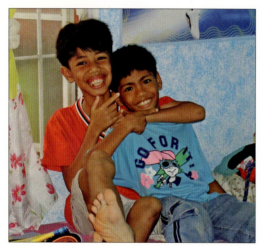

Familie & Zuhause

Die Familie ist die Heimat des Herzens.

Giuseppe Mazzini

Zuhause ist für mich, wenn die Mama da ist.

Cecilia, 7 Jahre, Montessori-Schule Unterneukirchen

Meine Familie strahlt Wärme und Liebe aus.

Katharina, 10 Jahre, Gottfried-von-Cappenberg-Schule Münster

Ich bin glücklich mit dem Zuhause, das ich habe, ich mag es sehr.

Walter, 14 Jahre, CFI-Kinderdorf Guatemala

Familie ist Papa und Mama und meine Geschwister.
Meine Familie sind meine besten Freunde.

Docson, 8 Jahre, CFI-Kinderdorf Guatemala

Weil ich dazu gehöre und sie für mich sorgt.

Samuel, 9 Jahre, Gottfried-von-Cappenberg-Schule Münster

Weil sie da ist, wenn ich sie brauche. Und wenn ich traurig bin, nehmen sie mich in den Arm. Das finde ich schön.

Pascal, 10 Jahre, Gottfried-von-Cappenberg-Schule Münster

Heimat ist für mich wenn ich gemütlich in der Badewanne sitze

Manuel, 8 Jahre, Montessori-Schule Unterneukirchen

Zuhause ist, wenn mein Bruder auf mich zukommt, wenn ich zu Hause bin.

Jan, 10 Jahre, Gottfried-von-Cappenberg-Schule Münster

Mein Zuhause ist sehr hübsch, groß und gemütlich. Es gibt einen Platz, wo ich spielen kann, der ist sehr groß. Es gibt Obstbäume. Unser Haus ist von Blumen umgeben.

Luis, 16 Jahre, CFI-Kinderdorf Guatemala

Jede Familie braucht Kinder!

Nirojini, 14 Jahre, CFI-Kinderdorf Sri Lanka

Für mich bedeutet Zuhause etwas, worin wir leben können, ein Ort, wo wir schlafen und uns aufhalten können.

Gelie, 9 Jahre, CFI-Kinderdorf Philippinen

Meine Familie ist mir so wichtig, weil sie immer zu mir hält. Z.B. in der Schule, beim Fussball und alle anderen Sachen.

Robin, 9 Jahre, Gottfried-von-Cappenberg-Schule Münster

Meine Familie ist sehr, sehr nett und wir unternehmen oft etwas zusammen. Ich kann nur mit meiner Familie: raufen, toben, lachen und spielen und so sein wie ich bin.

Theo, 9 Jahre, Gottfried-von-Cappenberg-Schule Münster

I love a family that is able to provide for the needs of the members, especially food shelter and clothing.

Ich liebe eine Familie, die in der Lage ist, für die Bedürfnisse ihrer Familienmitglieder zu sorgen, besonders Essen, ein Dach über dem Kopf und Kleidung.

Ellen, 9 Jahre, CFI-Kinderdorf Ghana

Mir ist wichtig: Unser gemeinsames Frühstüg

Luca, 7 Jahre, Montessorischule Gilching

Meine Familie ist fit und spaßig

Björn, 9 Jahre, Gottfried-von-Cappenberg-Schule Münster

Mir ist meine Familie wichtig, weil ich alle von Anfang an kenne. Außerdem mögen sie mich wie ich bin und sind immer für mich da.

Henning, 9 Jahre, Gottfried-von-Cappenberg-Schule Münster

Ein Haus ist der wärmste Platz.

Welachai, 9 Jahre, CFI-Kinderdorf Thailand

Weil ich ohne meine Familie auf der Straße sitze

Marius, 9 Jahre, Gottfried-von-Cappenberg-Schule Münster

Zuhause ist für mich, wenn ich im Bett lige und mit Hatschi kuschle

Miriam, 6 Jahre, Montessori-Schule Unterneukirchen

Meine Familie ist mir wichtig, weil sie mich liebt, und alles für mich tut. Das finde ich toll!

Tom, 10 Jahre, Gottfried-von-Cappenberg-Schule Münster

Meine Katzen sind mir wichtig weil ich gerne mit ihnen kuschel. Mein Bruder ist mir wichtig weil er der beste Bruder der Welt ist und meine Eltern sind mir wichtig weil ich sie lieb hab.

Leonie, 10 Jahre, Montessorischule Gilching

Mir ist wichtig: Das meine Familie immer zusammen ist!

Lotte, 9 Jahre, Montessorischule Gilching

நான் என்னுடைய குடும்பத்தை எப்பொழுதும் பார்த்துக் கொள்வேன்

(Ich werde mich immer um meine Familie kümmern.)

Debina, 12 Jahre, CFI-Kinderdorf Sri Lanka

Ich lebe gerne in der Familie. Ich lebe gerne dort, weil sie mich lieben und weil sie sich sehr um mich kümmern

Gică, 10 Jahre, CFI-Kinderdorf Rumänien

Daheim ist für mich hinter meinem Kartoffelbeet, weil ich da meine Ruhe habe

Jan-Mathes, 9 Jahre, Montessori-Schule Unterneukirchen

Meine Familie hilft mir und hat mich lieb.

Jan Oliver, 9 Jahre, Gottfried-von-Cappenberg-Schule Münster

Ich will nie von Münster weg, Münster ist nähmlich meine Heimatstadt.

Max, 9 Jahre, Gottfried-von-Cappenberg-Schule Münster

Zu Haus ist für mich wenn meine Katzen da sind.

Benedikt, 9 Jahre, Montessori-Schule Unterneukirchen

Für mich bedeutet Zuhause ein Ort, wo jemand wohnt und wo man Liebe spürt und Hoffnung und jeder lächelt.

Ryan, 12 Jahre, CFI-Kinderdorf Philippinen

Zuhause ist für mich, wenn ich meine Bücher sehe.

Jakob, 10 Jahre, Gottfried-von-Cappenberg-Schule Münster

Meine Familie ist mir so wichtig, weil ich die beste Familie auf der Welt habe und sonst ganz ohne Eltern auf der Welt leben würde.

Parisia, 10 Jahre, Gottfried-von-Cappenberg-Schule Münster

Mutter und Vater, Bruder und Schwester sind eine Familie. Eine friedliche Familie wird eine gute Familie. In einer Familie zu sein ist etwas ganz Besonderes.

Thancy, 10 Jahre, CFI-Kinderdorf Indien

Ein Haus ist ein Unterschlupf für uns, wenn es regnet oder wenn es kalt ist. Eine Familie lebt in einem Zuhause.

Pallavi, 12 Jahre, CFI-Kinderdorf Indien

Ich brauche ihre Wärme und ich könnte mir kaum vorstellen, keine Familie zu haben.

Michelle, 9 Jahre, Gottfried-von-Cappenberg-Schule Münster

Zuhause ist, wo unser schönes Haus steht und wir mit Nachbarskindern spielen können.

Alina, 6 Jahre, Montessori-Schule Unterneukirchen

Ich lebe in einer glücklichen Familie und ich hoffe, dass die, die keine haben, eine bekommen werden, und wenn sie eine Familie haben, dass sie sich so darüber freuen wie ich.

Isabel, 13 Jahre, CFI-Kinderdorf Mexiko

Wenn es auf der Welt kein Zuhause gäbe, gäbe es viel mehr Verbrecher.

Nathalie, 14 Jahre, CFI-Kinderdorf Dom. Republik

Die große Liebe ist die Liebe der Familie.

Mika, 14 Jahre, CFI-Kinderdorf Thailand

Zuhause ist für mich bei jemandem zu sein die mich gern haben.

Lilian, 10 Jahre, Gottfried-von-Cappenberg-Schule Münster

Frieden & Wünsche

Frieden braucht kleine Schritte statt großer Worte.
Peter Horton

Schöner als die Erfüllung eines Wunsches
ist nur der Wunsch selbst.
Susanne Lorenz

Frieden bedeutet für mich, dass man keinen Streit hat.

Friederike, 9 Jahre, Gottfried-von-Cappenberg-Schule Münster

Ich wünsche mir glücklich zu sein und freundlich zu den Kindern und allen Menschen und mit der Familie glücklich zu sein.

German, 13 Jahre, CFI-Kinderdorf Mexiko

Ich wünsche den Menschen Freiheit in der ganzen Welt wie die Delfine im Wasser.

Samira, 11 Jahre, Montessori-Schule Unterneukirchen

ich wünsch mir das der Moritz mein freund bleibt.

Frederik, 10 Jahre, Montessorischule Gilching

Ich wünsche jedem Menschen jemanden, der ihn lieb hat.

Nina, 5. Klasse, Montessori-Schule Unterneukirchen

Frieden ist etwas Schönes. Frieden ist, wenn man im Einklang ist mit seiner Familie und mit Jesus.

Jessica Cristina, 11 Jahre, CFI-Kinderdorf Dom. Republik

Ich wünsch mir, dass niemand hungern muss und das der Reichtum auf der Erde gerecht verteilt wird.

Anna-Lena, 6. Klasse, Montessori-Schule Unterneukirchen

lapaz: es algo tranquilo se escucha los pajaritos cantando

(Frieden ist etwas Ruhiges. Man kann die Vögel singen hören.)

Noemi, 14 Jahre, CFI-Kinderdorf Dom. Republik

Frieden bedeutet für mich, wenn die Erde friedlich ist und Tiere miteinander spielen.

Daniela, 9 Jahre, Gottfried-von-Cappenberg-Schule Münster

Frieden bedeutet, dass die Menschen nicht mehr streiten

Johannes, 5. Klasse, Montessori-Schule Unterneukirchen

Ich wünsche allen Menschen, dass sie so wohnen können wie sie sich es wünschen

Melina, 6. Klasse, Montessori-Schule Unterneukirchen

For me Peace means no quarrel with each other or shouting. There should be love and respect to each person.

(Für mich bedeutet Frieden, mit niemandem zu streiten oder sich anzuschreien. Es sollten Liebe und Respekt jedem Menschen gegenüber herrschen.)

Jomar, 13 Jahre, CFI-Kinderdorf Philippinen

ich Fünsche mir das meine ganse Familie zusamen bleibt

Luise, 8 Jahre, Montessorischule Gilching

Frieden bedeutet Freundschaft auf der ganzen Welt.

Christian, 6. Klasse, Montessori-Schule Unterneukirchen

Frieden ist für mich, wenn sich verschiedene Völker die Hände reichen.

Marco, 12 Jahre, Montessori-Schule Unterneukirchen

La paz respetar a los demas

(Frieden ist, die anderen zu respektieren.)

Menilsa, 9 Jahre, CFI-Kinderdorf Dom. Republik

Ich wünsche anderen Leuten schöne Tage mit Vogelgesang.

Gabriel, 10 Jahre, Montessori-Schule Unterneukirchen

Cuando todo ba bien a la familia
Sentir ona tranquilidad profonda
Cuando hay armonia y felicidad

(Ich fühle Frieden, wenn alles gut ist in unserer Familie.
Wenn ich eine tiefe Ruhe fühle. Wenn es Harmonie und Freude gibt.)

Christian, 13 Jahre, CFI-Kinderdorf Mexiko

Ich wünsche anderen in Leben Freiheit, wasser, und viel Licht

Nuria, 5. Klasse, Montessori-Schule Unterneukirchen

La Paz es cuando uno contenpla la naturaleza

(Frieden ist, wenn man die Natur betrachtet.)
Starling, 12 Jahre, CFI-Kinderdorf Dom. Republik

Ich wünsche mir das ich immer so glüglich bleibe wie ich bin. Und Liebe. Und Frieden.

Idgie, 9 Jahre, Montessori-Schule Gilching

Ich wünsche jedem gute Gesundheit.

Chanaka, 16 Jahre, CFI-Kinderdorf Sri Lanka

Frieden bedeutet für mich,
einen Gottesdienst zu feiern.

Jannik, 9 Jahre, Gottfried-von-Cappenberg-Schule Münster

Wir sollten alle in Frieden
und Harmonie zusammen leben.

Kumara, 15 Jahre, CFI-Kinderdorf Sri Lanka

Ich wünsche den Menschen auf der Welt
keinen Krieg.

Jonathan, 7. Klasse, Montessori-Schule Unterneukirchen

FRIEDEN bedeutet für mich
kein Streit in der Familie

Marlene, 9 Jahre, Gottfried-von-Cappenberg-Schule Münster

Frieden bedeutet für mich, dass Kinder zusammen spielen.

Marcel, 3. Klasse, Gottfried-von-Cappenberg-Schule Münster

Frieden ist,
wenn man seinen Geist von allem frei macht,
wenn zwei Länder sich nicht gegenseitig zerstören,
wenn es Zuhause friedlich ist.

Kasandra, 14 Jahre, CFI-Kinderdorf Dom. Republik

Zukunft

Die Zukunft ist voller Aufgaben und Hoffnungen.

Nathaniel Hawthorne

Zukunft, das sind Träume,
die sich erfüllen im Verlauf des Lebens.
Das ist der Gedanke, den man nach vorne hat.
Das ist, das Ziel zu erreichen, das man
sich gesetzt hat, um jemand im Leben zu sein.

Miguel, 16 Jahre, CFI-Kinderdorf Nicaragua

Ich werde eine große und wunderbare Familie haben.

Alexandra, 10 Jahre, CFI-Kinderdorf Rumänien

Zukunft ist aufregend und abenteuerlich. Viele träumen von einer guten Zukunft, aber nur manche machen sie wahr, weil es viel Anstrengung kostet.

Ranjit, 17 Jahre, CFI-Kinderdorf Indien

Ich träume davon, Lehrerin im Kinderdorf zu sein.

Rosa, 17 Jahre, CFI-Kinderdorf Guatemala

Wenn ich groß bin, dann werde ich Rettungssanitäterin.

Jana, 8 Jahre, Gottfried-von-Cappenberg-Schule Münster

Wenn ich vom Kinderdorf weggehe,
dann möchte ich einen Laden haben,
meine Mama versorgen können
und ein Heim bauen, wo Kinder sein
und leben können.

Maurilia, 11 Jahre, CFI-Kinderdorf Mexiko

In der Zukunft möchte ich Rechtsanwältin sein,
um Menschen helfen zu können.

Faviola, 16 Jahre, CFI-Kinderdorf Mexiko

Mein Traum ist es, Agraringenieur zu werden.

Ovidio, 14 Jahre, CFI-Kinderdorf Guatemala

Wenn ich groß bin, dann will ich ein Kind haben.

Emily, 7 Jahre, Gottfried-von-Cappenberg-Schule Münster

Ich träume davon Fußballer zu werden.

Jonas, 8 Jahre, Montessori-Schule Unterneukirchen

Fußball ist eine Laufbahn, die das notwendige Einkommen bringen kann, um meine Familie und mich zu versorgen, wenn ich erwachsen bin.

Stephen, 11 Jahre, CFI-Kinderdorf Ghana

Yo Quiero Ser alguien en el mundo una Arquitecta Para Poder Ser unas Casas hogar Para los niños del mundo los que no tienen Padre y Poder Salir

(Ich möchte jemand sein in der Welt, eine Architektin. Um Häuser in unserem Kinderdorf zu bauen. Für die Kinder der Welt, die keine Eltern haben.)

Maria, 13 Jahre, CFI-Kinderdorf Mexiko

I want to be a nurse in order to save my people from diseases.

(Ich möchte Krankenschwester werden, um meine Mitmenschen vor Krankheiten zu bewahren.)

Monica, 14 Jahre, CFI-Kinderdorf Ghana

wenn ich groß bin, dann will ich Tierärztin sin.

Minna, 7 Jahre, Gottfried-von-Cappenberg-Schule Münster

Wenn ich groß bin, dann möchte ich Architekt werden.

Finn, 7 Jahre, Gottfried-von-Cappenberg-Schule Münster

Wenn ich mal groß bin, will ich ein Auto mit Superantrieb bauen.

Kevin, 6. Klasse, Montessori-Schule Unterneukirchen

Wenn ich groß bin dann werde ich mir eine Arbeit suchen.

Sadia, 7 Jahre, Gottfried-von-Cappenberg-Schule Münster

Es pensar en lo que uno puede llegar a ser siempre y cuando sean metas buenas y que nos ayuden a nuestra vida.

(Zukunft, das ist daran zu denken, was man im Leben erreichen kann, und dass es gute Ziele sind, die uns im Leben helfen.)

Jimmy, 17 Jahre, CFI-Kinderdorf Guatemala

Wenn ich groß bin, dann möchte ich alleine zu meiner Kusine nach Berlin fahren.

Dilara, 7 Jahre, Gottfried-von-Cappenberg-Schule Münster

Zukunft ist das, worauf wir hoffen.

Prakit, 10 Jahre, CFI-Kinderdorf Thailand

Wenn ich groß bin, dann möchte ich eine Katze halten.

Erik, 8 Jahre, Gottfried-von-Cappenberg-Schule Münster

Wenn ich groß bin, dann will ich Pilot werden.

Moritz, 7 Jahre, Gottfried-von-Cappenberg-Schule Münster

Wenn ich groß bin, dann möchte ich Reitlehrerin werden.

Laura, 8 Jahre, Gottfried-von-Cappenberg-Schule Münster

Zukunft, das ist, mir vorzustellen jemand Besonderes im Leben zu sein wie eine Malerin. Mir vorzustellen etwas zu erbauen oder zu entwerfen, was noch keinem gelungen ist.

Teresa, 13 Jahre, CFI-Kinderdorf Guatemala

මාගේ බලාපොරොත්තුව වනුයේ අනාගතයේ වෛද්‍ය වරයෙකු වී අසරණ අයට උදව් කිරීමය

(Ich möchte später Ärztin werden und den Armen helfen.)
Shalani, 16 Jahre, CFI-Kinderdorf Sri Lanka

Ich hoffe das wenn ich groß bin die Erderwärmung nicht zu viel zerstört.

Jonas, 8 Jahre, Montessori-Schule Unterneukirchen

Wenn ich groß bin, dann möchte ich mehr Verstand haben.

Elias, 7 Jahre, Gottfried-von-Cappenberg-Schule Münster

Wenn ich mal groß bin will ich Chef werden.

Alex, 5. Klasse, Montessori-Schule Unterneukirchen

Wenn ich groß bin, dann will ich reich sein.

Ramon, 8 Jahre, Gottfried-von-Cappenberg-Schule Münster

Mein Traum ist es, ein Musikstudium abzuschließen.

Dina, 17 Jahre, CFI-Kinderdorf Guatemala

Zukunft ist für mich, mir ein Ziel zu setzen, auch wenn das mit Schwierigkeiten verbunden ist.

Mariela, 17 Jahre, CFI-Kinderdorf Guatemala

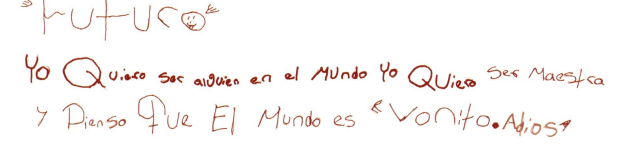

(Ich möchte gerne jemand sein in der Welt. Ich möchte Lehrerin werden und denke, dass die Welt schön ist. Auf Wiedersehen!)

Esmeralda, 9 Jahre, CFI-Kinderdorf Mexiko

Die Zukunft ist leuchtend.
Zukunft ist das, was kommt,
und man weiß nicht, was es bringt.

Kasandra, 14 Jahre, CFI-Kinderdorf Dom. Republik

Wenn ich groß bin, dann möchte ich
zwei Kinder krigen.

Joe, 8 Jahre, Gottfried-von-Cappenberg-Schule Münster

Für mich bedeutet Hoffnung, die Hoffnung zu haben,
glücklich auf dieser Welt zu leben.

Jonathan, 7 Jahre, CFI-Kinderdorf Philippinen

wenn ich groß bin, dann würde ich gern nach Paris fahren.

Helena, 7 Jahre, Gottfried-von-Cappenberg-Schule Münster

Proponerse metas y lograr alcanzar a corto o a largo Plazo.

(Zukunft, das bedeutet, sich Ziele setzen und es zu schaffen, sie früher oder später zu erreichen.)

Cristian, 17 Jahre, CFI-Kinderdorf Guatemala

Ich möchte anderen helfen,
so wie man mir geholfen hat.

Juan, 11 Jahre, CFI-Kinderdorf Nicaragua

Wir danken allen Kindern,
die sich weltweit an diesem Projekt
beteiligt haben, sowie all denen,
die engagiert für dessen Umsetzung
eingetreten sind!

Es ist uns ein wichtiges Anliegen, die uns anvertrauten Kinder im Geiste der Verantwortung und Achtung vor der Schöpfung zu erziehen. Die Kinder pflegen und betreuen die schuleigene Hühnerschar, teilweise auch Vögel, Fische und Pflanzen in Klassen, einige Blumenbeete auf dem Schulgelände sowie einen kleinen Teich. Mit zahlreichen Aktionen unterstützen wir eine Schule in Honduras, die mittellosen Kindern und Jugendlichen durch Stipendien eine Ausbildung ermöglicht.
Gottfried-von-Cappenberg-Schule Münster

Wir sehen das „Kind als Baumeister seiner selbst" und begleiten jedes Kind individuell auf seinem Lern- und Lebensweg. Dabei legen wir Wert darauf, die ganz eigenen Fähigkeiten und Fertigkeiten, Persönlichkeitsmerkmale und Ziele zu beachten, so den ganzen Menschen zu bilden und damit auch eine friedvolle Verständigung untereinander und einen achtenswerten Umgang mit unserer Umwelt zu unterstützen.
Montessorischule Gilching

„Wenn man in der Erziehung von der Freiheit des Kindes spricht, vergisst man oft, dass Freiheit nicht mit sich überlassen gleichbedeutend ist. Das Kind einfach freilassen, damit es tut, was es will, heißt nicht, es frei machen. Freiheit ist Aufbau; man muss sich aufrichten, sowohl in der Umwelt wie in sich selbst. Hierin besteht unsere eigentliche Aufgabe, die einzige Hilfe, die wir dem Kinde reichen können."
(Maria Montessori in ihrem Vortrag an der Berliner Universität 1922)
Montessori-Schule Unterneukirchen

CFI-Kinderdorf „Las Palmas", Dom. Republik

CFI-Kinderdorf Ghana

CFI-Kinderdorf „Los Pinos", Guatemala

CFI-Kinderdorf „Sweet Home", Indien

CFI-Kinderdorf „El Oasis", Mexiko

CFI-Kinderdorf „Casa Hogar Fuente de Vida", Nicaragua

CFI-Kinderdorf Philippinen

CFI-Kinderdorf „Iubire si Camin pentru Copii", Rumänien

CFI-Kinderdorf „Relief Children's Home Mailapitiya", Sri Lanka

CFI-Kinderdorf „Kirsten Jade Rescue Centre", Thailand

Tausendsternetraum

Das Schönste
erlebt man
mit Kindern.

Theodor Hieck

Über die Herausgeberin:
Dorothée Bleker, 1971 in Münster geboren, lebt mit ihrem Mann und zwei Kindern in der Nähe von München. Jahrelang unterstützte sie als Patin ein Kind in Südafrika. In Erwartung ihres dritten Kindes setzte sie sich für dieses Projekt ein, das ihr selbst sehr am Herzen liegt: „Das Leben ist unendlich reicher, wenn man es mit Kinderaugen sieht!"

Idee und Konzept:
Groh Verlag. Das Werk einschließlich seiner Teile ist urheberrechtlich geschützt. Jede Verwertung außerhalb der engen Grenzen des Urheberrechtsgesetzes ist ohne Zustimmung des Verlages unzulässig und strafbar. Das gilt insbesondere für Kopien, Einspeicherung und Verarbeitung in elektronischen Systemen.

Erfahren Sie mehr über:
CFI Internationale Kinderhilfe Deutschland
Heidelberger Landstraße 222
64297 Darmstadt
Tel: 06151-951 39 96, Fax: 06151-951 39 98
www.cfi-kinderhilfe.de
Spendenkonto:
Bank für Sozialwirtschaft
Konto: 8753 500
BLZ: 660205 00

ISBN 978-3-89008-536-4
© Groh Verlag GmbH, 2008
www.groh.de

Immer eine gute Geschenkidee: www.groh.de

Bildnachweis Fotos / Zeichnungen:
Alle Fotos, sofern nicht anders angegeben, stammen von der CFI Internationalen Kinderhilfe Deutschland. Folgende Abkürzungen wurden zur Kennzeichnung der Schulen verwendet:
Gottfried-von-Cappenberg-Schule Münster: GvC
Montessorischule Unterneukirchen: MSU
Montessorischule Gilching: MSG

Titel/Fotos: CFI; Rückseite: © Ariel Skelley / Corbis
Titel/Zeichnung und S.6: Isabelle, 7 Jahre, GvC; S.1: John, 9 Jahre, CFI-Kinderdorf Philippinen; S.3: Leon, 10 Jahre, GvC; S.4: Getty Images / Stone / Lori Adamski Peer; S.8: Vivian, 9 Jahre, MSU; S.9: Mauritius / Foodpix; S.10: Miriam, MSG; S.11: Lena, 7 Jahre, MSU; S.14: John, 9 Jahre, CFI-Kinderdorf Philippinen; S.15: Laura, 7 Jahre, GvC; S.16: Tom, 9 Jahre, GvC; S.17: Getty Images / Taxi / Adrian Myers; S.18: Paul, 8 Jahre, GvC; S.19 links: Getty Images / Stone / Terry Vine; S.20: Jennifer, 10 Jahre, CFI-Kinderdorf Philippinen; S.22: Johannes, 8 Jahre, MSU; S.23: Mauritius / Stock Image; S.24: links unten: © ROB & SAS / Corbis; rechts unten: © Awilli / zefa / Corbis; S.26: Artur, 7 Jahre, GvC; S.28: Erdkugel: Griselda, 17 Jahre, CFI-Kinderdorf Guatemala; Jungs: Jan, 7 Jahre, GvC; S.29: Kinder / Handstand: John, 10 Jahre, CFI-Kinderdorf Philippinen; „... I am Happy": Gleysi, 14 Jahre, CFI-Kinderdorf Nicaragua; S.30: Mauritius / Nonstock; S.32: Kinder im Boot: Eddilyn, 9 Jahre, CFI-Kinderdorf Philippinen; Jungs mit roten Trikots: Florian, 6 Jahre, GvC; S.33: Gesichter: Lea, 7 Jahre, GvC; Mädchen auf Wiese: Fátima, 13 Jahre, CFI-Kinderdorf Nicaragua; S.34: Luca, 6 Jahre, GvC; S.36: rechts oben: Getty Images / STOCK4B; S.38: Nathan, MSU; S.40: Dorina, Klasse 4b, GvC; S.41: Blumentopf: Khawjai, 18 Jahre, CFI-Kinderdorf Thailand; Mutter bringt Essen: Jens, Klasse 4b, GvC; S.44: Fabian, Klasse 4b, GvC; S.45: Meerschweinchen: Frederike, Klasse 4b, GvC; Zwei Kinder: Fabian, Klasse 4b, GvC; S.46: Luis, Klasse 4b, GvC; S.47: WORKBOOKSTOCK / Jupiterimages; S.50: Cecilia, 7 Jahre, MSU; S.52: Manuel, 8 Jahre, MSU; S.54: Theo, 9 Jahre, GvC; S.55: Zeichnung in Herzform: Henning, 9 Jahre, GvC; Mädchen mit Katze: Miriam, 6 Jahre, MSU; S.58 und S.95: Kinder: Dilhara, 7 Jahre, CFI-Kinderdorf Sri Lanka; Katze: Lisa, 4. Klasse, GvC; S.59: Max, 9 Jahre, GvC; S.60: Benedikt, 9 Jahre, MSU; S.62: Sophia, 9 Jahre, MSU; S.64: rechts oben Getty Images / Taxi / Barbara Peacock; links unten Getty Images / Taxi Japan / Hitoshi Nishimura; rechts unten Getty Images / Photonica / Blaise Hayward; S.66: Friederike, 9 Jahre, GvC; S.67: rechts Mauritius / Danita Delimont; S.68: Alexandra, 8 Jahre, GvC; S.69: Kasandra, 14 Jahre, CFI-Kinderdorf Dom. Republik; S.71: Getty Images / The Image Bank / Ariel Skelley; S.72: Marco, MSU; S.73 und S.96: Starling, 12 Jahre, CFI-Kinderdorf Dom. Republik; S.74: Chanaka, 16 Jahre, CFI-Kinderdorf Sri Lanka; S.76: rechts oben Getty Images / altrendo images; S.78: Daniel, 18 Jahre, CFI-Kinderdorf Sri Lanka; S.80: Ovidio, 14 Jahre, CFI-Kinderdorf Guatemala; S.81: Getty Images / The Image Bank / Angelo Cavalli; S.82: Krankenschwester: Monica, 14 Jahre, CFI-Kinderdorf Ghana; „Tierarztpraxis": Julia, 7 Jahre, GvC; S.83: Jimmy, 17 Jahre, CFI-Kinderdorf Guatemala; S.86: Flugzeug: Moritz, 7 Jahre, GvC; Pferd: Laura, 8 Jahre, GvC; S.87: Zeichnung im Kreis: Shalani, 16 Jahre, CFI-Kinderdorf Sri Lanka; Personen mit Sprechblasen: Elias, 7 Jahre, GvC; S.88: Alex, 5. Klasse, MSU; S.90: Nissanka, 14 Jahre, CFI-Kinderdorf Sri Lanka.

Ein Lächeln schenken

Geschenke sollen ein Lächeln auf Gesichter zaubern und die Welt für einen Moment zum Stehen bringen. Für diesen Augenblick entwickeln wir mit viel Liebe immer neue GROH-Geschenke, die berühren.

In ihrer großen Themenvielfalt und der besonderen Verbindung von Sprache und Bild bewahren sie etwas sehr Persönliches.

Den Menschen Freude zu bereiten und ein Lächeln zu schenken, das ist unser Ziel seit 1928.

Ihr

Joachim Groh